Ks. Mirosław Drzewiecki

Antyfony Jesienne

Ks. Mirosław Drzewiecki

Antyfony Jesienne

Wiersze i modlitwy

Wydawnictwo Ziarno Wiary

Impressum / Imprint
Bibliografische Information der Deutschen Nationalbibliothek: Die Deutsche Nationalbibliothek verzeichnet diese Publikation in der Deutschen Nationalbibliografie; detaillierte bibliografische Daten sind im Internet über http://dnb.d-nb.de abrufbar.

Informacja bibliograficzna Niemieckiej Biblioteki Narodowej: Niemiecka Biblioteka Narodowa rejestruje tę publikację w Niemieckiej Bibliografii Narodowej; szczegółowe informacje bibliograficzne dostępne są w Internecie na stronie http://dnb.d-nb.de.

Coverbild / Okładka: www.ingimage.com

Verlag / Wydawnictwo:
Wydawnictwo Ziarno Wiary
ist ein Imprint der / jest znakiem handlowym
OmniScriptum GmbH & Co. KG
Heinrich-Böcking-Str. 6-8, 66121 Saarbrücken, Deutschland / Niemcy
Email: info@ziarnowiary.com

Herstellung: siehe letzte Seite /
Druk: patrz ostatnia strona
ISBN: 978-3-639-64537-8

Fotograf Ks. Wojciech Maszkiewski

O, miłości tak dawna, a zawsze nowa,
jakże cię późno poznałem!

Święty Augustyn

Spis wierszy

Aneks modlitewny

ANTYFONA I

Do Ciebie wznoszę moją duszę,
przyjdź i wybaw mnie, Panie,
gdy uciekam się do Ciebie.

Dusza moja przysiadła nieco, Panie.
Starzejące się i coraz mniej sprawne ciało
jest jej kulą u nogi. Ziemia ją więzi
w śmiesznych wygodach i przyzwyczajeniach.
Daj mi, Panie, długie ręce, bym uniósł ponad chmury
moją duszę do nieba. Ono jest moją tęsknotą.
Każdy dzień od nowa jest ucieczką do Ciebie,
mój miłosierny Wybawicielu.

ANTYFONA II

Daj, Panie, zapłatę czekającym na Ciebie,
aby się okazała prawdomówność proroków.

Wszystkie me mowy ofiaruję Tobie, Panie,
i poddaję Twemu łaskawemu osądowi.
Ty moje słowa wyprowadzasz z ust moich,
i nadajesz im walor ważności.
Ty je czynisz kluczem do serc słuchających
i otwierasz bramy nieba czekającym na Ciebie.
Uczyń mnie, Panie, wiernym sługą
i prorokiem Twojej Prawdy.

ANTYFONA III

Zwróć się ku nam, Panie,
i nie opóźniaj swego przyjścia do sług Twoich.

Pragnę wpatrywać się w oblicze Twoje, Panie,
a moja tęsknota łzami się zalewa,
gdy rozważam radość i szczęście sług Twoich wiernych
nagrodzonych wiekuiście Niebem.
Przyjmuję z poddaniem Twoje wyroki na ziemi
i dokładnie obserwuję ścieżkę Twoją, Panie,
jaką wydeptałeś, zdążając do Nieba.
Przyspiesz swe kroki, przychodzący Boże,
uraduj duszę sługi Twego nieużytecznego.

PRZESZŁOŚĆ

Przedzieram się bezradny
codziennie przez wysypisko
minut i sekund
czy ktoś to kiedyś posprząta

A może przyjdzie Bóg
i spojrzy z uwagą
może dotknie choć jednej chwili
nabrzmiałej iskierką radości
opuchłej bólem wewnętrznym
po stracie szans
nie do odrobienia

CZEKANIE

Możesz zlecieć jak wilga z nieba
i siąść na wielkiej gałęzi
królewskiego domu ptaków
możesz sobie wybrać listowie
aby się unurzać w morzu
zielonego szczęścia

I możesz otworzyć sam
furtkę do ogrodu tajemnic
przeskoczyć kilka grządek
i wejść na drewnianą werandę
przypaść do kolan babci
i posłuchać opowieści
o szczęśliwych latach
kolorowych wiosnach

Nawet możesz jak dziecko
pełne szczęśliwej niewinności
pukać wśród płonących świec
do drzwi złocistego domku
z błyskiem w oku nasłuchując
Jezu czy tu mieszkasz

Na Ducha Świętego
możesz jedynie czekać
(wieje kędy chce)
w nieruchomym powietrzu
oddychaj gorącą modlitwą
Wieczernika

Gdy przyleci Wicher
odgadniesz natychmiast
otwórz serce

DO TRAW

Mówcie do mnie
trawy wysokie
mówcie o naj
wznioślejszych sprawach
o niebie i słońcu
o deszczu spadającym
mówcie nieustannie
dopóki słyszę

Mówcie do mnie
trawy przyziemne
opowiadajcie o tym
co pełza nocami
i co się skrada
ciemne korytarze ryje
i światła poznać nie umie
mówcie ostrzegajcie
przypominajcie
bym nie zapomniał

DUCH NIE STOI W MIEJSCU

Idę do Ciebie Panie
Panie mój który
nie stoisz w miejscu

Całe moje życie
ku Tobie wędrowanie
ale nie tylko to
muszę poślinić palec
wystawić go na wiatr
aby rozpoznać
w którą stronę poszedłeś

Wydelikacam swą twarz
napinam skórę na policzkach
by łatwo rozpoznawała
siłę podmuchu
jak daleko jesteś

Najcudowniej jest wtedy
gdy siądziesz obok mnie
nawet gdym tego nieświadomy
zawsze miejsce po Tobie
długo jeszcze jest ciepłe

IDZIE ZIMA

Czekam na śnieg
a jednak drży mi serce

Czego się boisz
to takie małe
białe płateczki
kryształki piękne
a każdy ma
inny kształt
i delikatność znikania
gdy usiądzie ci
na nosie

Nie straszna mi
jedna śnieżynka
nie lękam się dziesięciu
nawet stu
się nie przestraszę

Uwielbiam
ich ciche opadanie
z rozkoszą
podaję oczy i usta
mokrym pocałunkom

Ale boję się milionów
Śnieżynek

KRZYK

Ponad wodami
nad szuwarami
ponad błotem wsysającym
całą wrażliwość na dobro
i piękno i łaskę

Ponad myślami
i obrazami z przeszłości
i ponad moją przyszłością
unosi się
Duch Pański

Jakże wysoko!

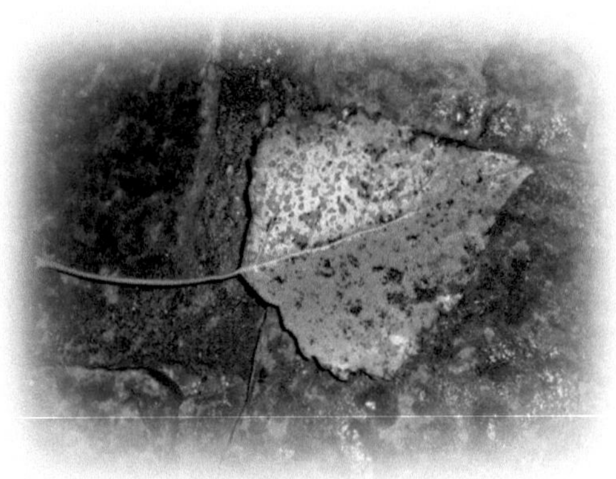

KU WIOŚNIE

Adamowi Chwedykowi

Co przyjdzie wcześniej

Adam mówi że wiosna
bo czeka na nią
chce zaprosić do swego
królestwa
mówi że serce już gotowe
choć nie zna dnia
ani godziny nadejścia

Gdy przyjdzie wiosna
pogadam z Adamem
i zobaczymy czy zdoła
cały jej bagaż
władować do serca swojego

Czegóż ta wiosna
nie niesie ze sobą
i radość i czułość
i delikatny dotyk
i tchnienie pocałunku

A wreszcie na końcu gorycz
smak przemijania

DUCH ŚWIĘTY

Przyjdziesz do mnie
wiem
bo jesteś duchem
żaden próg Cię nie zatrzyma
nawet ja

Przyjdziesz do mnie
boś spełnieniem
a jam stągiew
z tęsknej gliny

Przyjdziesz do mnie
mocny róg
męstwa dokończenie
gdym ja słaby

Wpłyniesz we mnie
krwią natchnienia
w ogniu
życie inne klęską dla mnie

Świętą przestrzeń
mi otworzysz światłem
i pokojem
dusza ma rozkwitnie

Przyjdziesz do mnie
wiem
bo jesteś moim
przyjdziesz do swojego
domu

MARSZE MILCZENIA

Płyną marsze milczenia
jak obłoki na niebie
lekkie czyste zamknięte
usta w białych koszulach

Spływa boleść milcząca
niby deszcz po kamieniu
bo też nikt nie zagląda
w luźne fałdy sumienia

Nikt nie pyta dlaczego
nikt nie sięga do wnętrza
niesie człowiek sam siebie
jakiś kawał nieszczęścia

MATKA MOJEJ PEWNOŚCI

Zamyślam się
w Twoim spojrzeniu
ciemnych oczu
świecących nad raną ciętą
świętego oblicza

Przyjmuję Twoją pewność
która stamtąd płynie

Doczekam słońca
doczekam blasku
który wszystko ozłoci
o wschodzie
i wtopi w siebie

MIŁOŚCI MOJE

Wszystkie moje miłości
już są jak liście
jesienią spadające
lecą w świat
kogoś bawią
zachwycają
daleko
od mego domu

Została mi jedna jedyna
ta sama miłość

Jak strumień od źródła
ukrytego w górach
płynie niezmiennie
przez całe życie
ku jedynemu
bezbrzeżnemu
Umiłowaniu

MODLITWA JESIENNA

Stoję przed Tobą o późnej porze
mojego życia
nie jestem spóźniony
lecz mrok jesienny
szybko pochłania wszystko
co w pamięć zaklęte
i mgły ścielą się nisko
unieważniając liście opadłe
mych wzniosłych pragnień

Utknąłem pośród
oddalania się kształtów
mojego rok-po-roku
z dnia na dzień
budowanego każdym słowem
każdą myślą i tchnieniem
każdym poruszeniem
struny powietrza
dotykaniem widzialnego
od rana do wieczora

Nie wiem jak witać
czy żegnać mam przepływający
godzina za godziną
podarowany litościwie
nowy dzień

NIEZGRABNA MIŁOŚĆ

Kocham Cię bardzo
gorąco mój Panie
miłością chromą
niezgrabną niestety

Wstyd mi tu za nią
bo nie potrafi stać prosto
pewności jej brak
i musi podpierać się
ciałem

Pamiętasz Panie
w dzieciństwie
moja miłość
skoczyła odważnie
z najwyższej chmury
a skrzydła miała wtedy
takie malutkie
nie urosły

MYŚLĄC OJCZYZNA

Pamięci Jana Pawła II

Myśląc Ojczyzna
zanurzam się w dzieje
które napisał Bóg
w sercach mych pradziadów
wędruję po ziemi znaczonej krzyżami
wśród duchów wielkich i cichych
których gorące ślady miłości
kołyszą się w trawach zielonych
i szumią pieśnią w koronach drzew
od górskich szczytów i przełęczy
aż po Westerplatte

Myśląc Ojczyzna
przystaję nad mowy polskiej
pięknym strumieniem
co wartko wpada do wielkiej
rzeki ludzkiego myślenia
nad nim niezmiennie
budzi się ważne pytanie o źródło
ukryte w górnych ostępach czasu
i wieczności

Myśląc Ojczyzna
w radości nieposkromionej
ku Niebu mą głowę podnoszę
gdzie tylu rodaków chodzi wśród gwiazd
błyszczących świętością nad polską ziemią

Myśląc Ojczyzna dziś
za słowem mocnym jak głaz
Dekalogu tęsknię
za sercem niezłomnym
za gestem otwartej dłoni
co z domu Ojca
mówi mi jeszcze raz
Nie lękaj się

PAN CIĘ WYBRAŁ

Ryszardowi na rozpoczęcie
jego pracy duszpasterskiej

Stań i nisko pochyl głowę
otwórz głębię swego serca
żar modlitwy włóż w swe usta
pragnij cudu Wieczernika

Pan ci pośle swego Ducha

Ogień spadnie na twą głowę
wicher zacznie targać sercem
a ty módl się ręce podnoś
ziemia odnowiona będzie

Pan ci pośle swego Ducha

Ogień palić będzie duszę
wicher złamać ciało zechce
lecz pamiętaj Pan w twym wnętrzu
zawsze będzie już zwycięzcą

Pan ci pośle swego Ducha

Moce Ducha Najświętszego
potwierdzają twe wybraństwo
zapamiętaj jesteś sługą
i służeniem jest kapłaństwo

Pan ci pośle swego Ducha

PO BURZY

Wschodzi poranek błękitny
czysty i roześmiany
i modli się do słońca
zwycięsko kroczącego
po nocnej zawierusze

Rozradowane ptaki
zwiastuny nowego świtu
szaleją na gałęziach
śpiewając pieśń ocalenia
po gęstej ulewie

Lasy na wzgórzach zielonych
opadające w cichą dolinę
wydychają mleczne tumany
uwalniając cichą ziemię
nasączoną deszczem

Tylko chłopiec w ogrodzie
stoi mroczny nad krzakiem
zgasłej czerwonej róży
nie będzie już oświadczyn
bo wszystkie kwiaty zbrzydły
jednako po nocnej burzy

POCHOWAJCIE MNIE

Pochowajcie mnie
w okularach
nie domykajcie oczu
chcę zobaczyć wieczność
dziejącą się
blisko mnie i daleko
aż na krańcach Nieba

PRZED JASNOGÓRSKĄ

Przed Twoim obliczem
uwalnia się z serca
potężna tęsknota
za niepojętym
niedotykalnym
oddalonym
a przecież obiecanym

Nie umiem nazwać tej tajemnicy
prześwituje jak księżyc
za gęstym lasem

Twoje oblicze ciepłe
to światło we mgle
odnajduje mnie
czekającego cierpliwie
na express do wieczności

ROZMOWA ZE SOBĄ

Załaduj plecak
wygodne buty
laski nie zapomnij
nie jesteś już młody

Kompas zostaw w domu
gwiazdy cię wyprowadzą
a dniami podglądaj
słońce gdzie idzie spać

Deszczu się nie bój
pozwala poczuć że masz
jeszcze skórę i kości
o chleb się nie martw

Dostaniesz gdy dojdziesz
na samym końcu
odżyjesz

SPOTKANIE

Dziś znowu jesień
ta sama co wczoraj
łagodna słoneczna
z pełnym miłości
dotknięciem wiatru
przyszła pod wieczór

Jak muślin spłynęła
z kamiennych schodów
między naszym kościołem
a starym wielkim platanem
była urzekająca

Witam cię pani powiedziałem
cieszę się i gratuluję
życie jest piękne

Uśmiechnęła się złociście
podając mi liść brązowy
i rzekła w zadumie
życie mój drogi księże
jest tylko schodzeniem

Ale najpierw trzeba wejść
próbowałem odpowiedzieć
lecz z oczu mi znikła
z ostatnim promieniem
czerwonego słońca

ŹRÓDŁO

Jechali do siebie z daleka
szukali po niebie i ziemi
tęsknili nie wiedząc
że tęsknią
dalej szukali zdziwieni

Znaleźli się nawzajem
zwyczajnie rozpoznali
a kluczem było pytanie
o źródło
dzięki któremu
przetrwali

GŁOS Z NIEBA

Z błękitu nieba
dobywam dla ciebie
serce niebieskie
a w nim wszystkie
blaski promienie
rozbłyski i lśnienia
wszystkie muzyki
i pieśni odwieczne
które budzą szczęście

Wydobywam dla ciebie
boską mą miłość
która nie spala
chociaż płonie
która nie parzy
choć pełna żaru
która jest lekarstwem
dla twojego serca

O ZIEMIO

O ziemio
ziemio polska
nadwiślańska i odrzańska
piastowska i jagiellońska

Zrodziłaś świętych
wykarmiłaś bohaterów
płakałaś z poniżonymi
cierpiałaś z oskarżonymi
umierałaś ze skazanymi

Ziemio zrozpaczona
i poraniona
ziemio bólu i krwi
ziemio okrojona
a wciąż nasza
choć pychą wrogów
zmarnowana

Obudź się polska ziemio
powstań i świeć
bo twoje oblicze zostało
na oczach świata
o d n o w i o n e
Duch Boga zstąpił
uproszony
potężnym wołaniem
największego z synów twoich

O ziemio radosna
zwolna pięknięjąca
już widać pąki
na twoich drzewach
a przecież ziemio
taka stęskniona
opłakująca
ucieczkę swych dzieci

Przejrzyj się osierocona
uwierz i zobacz
w zwierciadle Nieba
kto się za nami modli
gdy rośnie twa trzeba

WSZECHREKLAMA

Świat jest pełen słów
jak ogon grzechotnika

Zatrzymują
oczarują
przykuwają
zniewalają
głodną paszczę
otwierają
połykają

Świat jest pełen
ogłupiałych żab

Z GÓRY I Z DOŁU

Niezwykle wygląda
w dali kosmosu
piękna niebieska
i świeci w słońcu

A jaka tutaj u moich stóp
gdzie wrastam w proch

Od mego stworzenia
dzień po dniu
kruszeję centymetr
po centymetrze

Coraz mniej
mnie na świecie
coraz więcej w ziemi
i nie jestem niebieski
i nie świecę w kosmosie

Z punktu widzenia
moich stóp skruszonych
ziemia to wielkie
cmentarzysko
prochów przechodnich

Dobrze jest wiedzieć
dokąd i po co przeszli

NAMASZCZENIE

Wiem że ktoś
przyjdzie do mnie
odwiedzi mnie
ktoś bardzo dobry
przyjazny i ważny

Gdy myślę o tym
serce me topnieje

Świadomość ta
coraz częściej
ze mną spaceruje
trzy kroki z tyłu

A może już bliżej
bo pewność serca rośnie
słodyczą namaszcza
moją starość

PRZED ŚMIERCIĄ

Przed śmiercią zaszedł
do wiernych przyjaciół

Czyżby nie mógł unieść
swej przedśmiertnej
samotności
przecież kochał i tęsknił
do rozmów z Ojcem nocą
sam na sam na górze

Śmierć wołała Go
w daleką podróż
jak każdego

Pożegnać się przyszedł
zobaczyć jeszcze raz
błysk w oku Łazarza
zapracowanie Marty
i zasłuchanie Marii
posiedzieć porozmawiać
nasycić swe serce

Powiedzieć do zobaczenia
i pójść Ojcową drogą

USŁYSZEĆ ZOBACZYĆ

Usłyszeć swe imię w ogrodzie
chociażby przy Jego grobie
zobaczyć swe własne imię
wśród gwiazd na nieboskłonie

Czyż się to nie przydarzyło
i Marii i Teresce i innym
ludziom wielkiej miłości

Warto nawiedzać
piękne ogrody
przed wschodem słońca
gdy ledwie świta
opukać powietrze
dokładnie osłuchać
jeszcze gdzieś przecież
zapewne drży
ten Boski kolor głosu

Warto naprawdę warto
brodzić oczami
po ciemnej nocy
i czytać jasne
srebrzyste gwiazdy
którymi Pan pisze
imiona
swych ukochanych

***

Ale jest teraz noc
zasłana chmurami
deszczem otulona
co spadł jak kurtyna
zbyt wcześnie

NIE ODCHODŹ

Pamięci Matki Teresy

Nie odchodź
dotykać chcę
Twojego płaszcza

Radość wiary
jak mgła o poranku

Czasu nie zatrzymam
ale Ty jesteś Wieczność

MARZENIA

Chciałbym napisać wiersz
o Duchu Świętym
jak się unosi
nad szuwarami moich myśli
i wcale nie chce odlatywać
na bezmiary czystych wód

Chciałbym namalować
Gołębia znajomego
co zamieszkał za mym oknem
wiosnę głosi nieprzerwanie
a przychodzi na czuwanie
po okruchy moich spojrzeń
przez zamarzłą szybę

I chciałbym zaśpiewać
Duchowi Świętemu pieśń
nie tę spod niebiosów
w chmurach kadzideł skąpaną
ale taką z parteru
z poziomu stóp bosych
co idąc do pracy
codziennie śpiewają

Chciałbym by sfrunął On
cichutko mi na ramię
i powiedział słodko do ucha
chodźmy już czas
do krainy pieśni obrazów
i myśli najcudowniejszych

O chciałbym
ostatni oddech
otulić Jego skrzydłami

WYZNANIE

Jezu mój
przybity do krzyża
jak Ty pragnę

Pragnę
spowity
bezmożnością

Tęsknię
jak ukwiał w głębinie
przypięty do skały

CZAS I WIEDZA

Boże mój
coś
wiem
i za chwilę
wiem
że nic

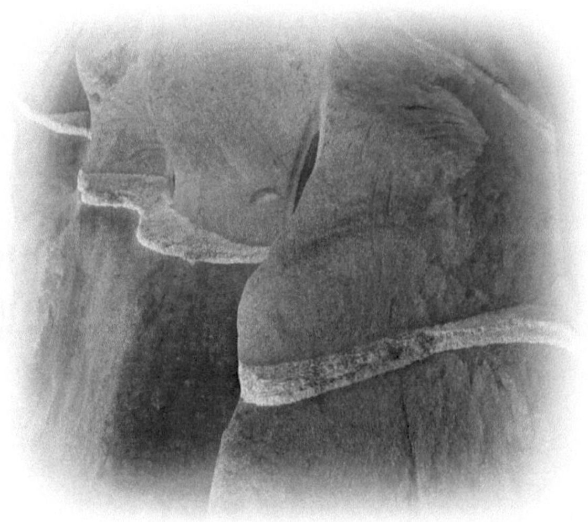

STOS

Tnę codziennie wieczność
na krótkie bierwiona czasu
i dorzucam do ogniska
by nie zgasła mi nadzieja

Twoja dłoń niech dotknie
mego stosu ofiarnego
niechaj buchnie żywy Ogień
i niech strawi ten mój czas
do oddechu ostatniego

NA WIECZNOŚĆ

Płomyk mego życia
zbliża się nieuchronnie
do Twoich ust

Gdy tchniesz
zniknę na wieczność

Będą mówić
że mnie nie ma

CZUŁOŚĆ

Pozostała jeszcze czułość
wyraz głębi prenatalnej
uwięziona gdzieś w pamięci
na dnie serca i uwiera

Drogi bez niej nie doświadczysz
i nie zniknie w odpoczynku
pozostała by otwierać cię na ból

Czułość mała jak książeczka
którą musiał połknąć prorok
najpierw smaczna i gorąca
ustom sprzyjająca
ale w końcu dusi trzewia
i goryczą syci wnętrze

Czułość jest jak ślad po raju
twój archetyp osobisty
za bramami wypędzenia

KOCHAM MOJE MIASTO

Pewnie kocham moje miasto
skoro mieszkam tu tak długo
i pod jego kamieniami
chciałbym złożyć swoje kości
kocham szczerze choć nie wszystko
zachwyt mego serca
rzuca na kolana

Kocham je za moc witalną
przez wieki hodowaną
wśród nadziei smug na wolność
bo modlitwa polska przecież
nigdy tutaj nie umarła

Kocham ludzi tego miasta
za ich twórczą wyobraźnię
poprzez zgliszcza wielu sumień
za ich upór twardą walkę
za ich sztukę nieskomlenia
u drzwi wolnej Europy

Kocham mosty i kościoły
lubię patrzeć jak katedra
prosto w niebo niesie modły
a wieczorem na przechadzce
mijam wielkich duchów cienie
i Juliusza i Cypriana
Mikołaja i Ursyna
im z korony srebrne gwiazdy
Panny Marii przed katedrą
ścielą się w pokłonie w pas

Lubię także spacer drogą
w chwiejnym blasku lamp gazowych
od pomnika kardynała
aż do szumiącego drzewa
na pamiątkę Jana Pawła
u stóp Króla wszystkich wieków

Chętnie pójdę aż do Rynku
brzegiem Odry wzdłuż bulwaru
minę panów Ossolińskich
jezuitom się pokłonię
barok oczy me zawiesi
na fasadzie domu wiedzy

I okrążę w skok fontannę
tryskającą szkłem i wodą
i pozdrowię przy Ratuszu
zielonego imć Hrabiego
dobry wieczór drogi gościu
jak się czujesz na Zachodzie

Gdybym się zagubił w mieście
wrócę poprzez święty Krzyż
do rotundy obok wejdę
ucałuję miecz Marcina
i wspominać będę z łezką
jaka była tam modlitwa
kiedy wstawał biały dzień
po czerwonej długiej nocy

Święty Biskup mnie pocieszy
możesz bracie być żołnierzem
i mieć serce jak na dłoni

*

Kocham pewnie moje miasto
słowo daję
k o c h a m

W STYGNĄCYM SŁOŃCU

Czy ktoś policzył
te liście klonowe

pięciopalczaste
leżą tłumnie bezbronne
zdane na los wiatru

Czy lubią podróżować
raczej chyba nie lubią
bo często wracają
lub tańczą dokoła

A może to wiatr je odrzuca
kapryśny pyszałkowaty
nie chce już dłużej
zabawy

Leżą teraz zmęczone
nabierając złotego
koloru

W stygnącym słońcu
jesień otula mi stopy
barwami zmierzchu
i pokoju

PRZEZ LATA

Przez lata tak samo
pośrodku ciemnych nocy
budzi mnie głos

Samuelu Samuelu

I mówię niezmiennie
przez lata tak samo
posłuszny Helemu

Otom ja Panie

Im starsza jest jednak
wola słuchania
tym większe się staje
rozdarcie pewności

Pana to głos
czy tylko Helego

*

Heli jest dobry
z pewnością potrzebny
byleby nie chciał
Pana wyręczać

ANEKS MODLITEWNY

MODLITWA NADZIEI

O zleć Gołębiu jasny
ze środka Chwały Ojca
płomienie ognia wypuść
z piersi Syna Gorejącej

Przynieś Gołębiu biały
gałąź z Ogrodu oliwek
rozściel i wymość drogę
Pielgrzyma poprzez kraj
niech się wygładzą twarze
bierzmowanego Narodu
gdy dłonią rozmodloną
dotknie je Człowiek w bieli
schodzący z góry błogosławieństw

Podaj Gołębiu Święty
miarę dla nowej pieśni
i nowy słuch wyciosaj
z kamieni podeptanych
na ziemi naszej stanął
Boga duch cielesny
niech wzrośnie prosto w niebo
siejba wiary papieskiej
owoce czasu w nowy ruch
niech wprawią naszą ziemię
która wychodzi z wieku klęski

O spłyń w potokach ciszy
rozmodlonego Narodu
i rozwiń nowe skrzydła
niech fruną w jasną dal
śladami Twego lotu

MODLITWA O ŁASKĘ WIARY

Panie Jezu, pochyliłem się dziś głęboko, dotykając wargami Twoich przebitych stóp. Nałożyłem mój pocałunek na tysiące wcześniej tam złożonych. Widziałem, jak moi bracia i moje siostry w wielkim skupieniu całowali Twoje święte rany. I jest mi niewymownie smutno, mój Zbawicielu, bo wśród tych pocałunków żaden nie pochodzi od moich przyjaciół.
Błagam Cię, Panie, udziel im miłościwego daru wiary. Bez Twojej łaski jakże będą zdolni uwierzyć i pokochać? Jakże będą mogli oddać cześć Twojej zbawczej męce? I jakże z martwych kiedyś powstaną?
Jezu najmiłosierniejszy, wysłuchaj mych utrudzonych przyjaźnią warg.

MODLITWA UMĘCZONEGO SĄSIADEM

Panie, co znaczy: przebaczyć drugiemu?
Ten mój drugi, to sąsiad, jest tak dokuczliwy,
że trudno wytrzymać.
On lubi dokuczać, czy mam mu przebaczyć to lubienie?
On ma radość ze swej złośliwości, czy mam mu wybaczyć
tę radość?
On świetnie się czuje, gdy dopiecze drugiemu, czy mam
mu przebaczyć jego dobre samopoczucie?
On tworzy bajki i rozpowiada brednie dokoła na mój
temat,
czy mam mu wybaczyć tę twórczość?
Gdy przechodzę obok niego, z drwiną bezczelnie patrzy mi
w oczy. Czy mam mu wybaczyć to patrzenie w oczy?...

Nie umiem, nie mogę, nie mam sił dźwigać tego
człowieka.
W Twoje Boskie ręce oddaję mego sąsiada.
Tylko Ty masz właściwą odpowiedź i moc.
Pozwól, że ja, tak umęczony sąsiadem, wycofam się w cień
Twego nieskończonego Miłosierdzia.
A jeżeli i tam go spotkam,
wtedy - no cóż - powtórzę: Jezu, ufam Tobie!
Amen.

MODLITWA PRZED KOMUNIĄ ŚW.

Modlitwa Pauliny przed I Komunią św.

Panie Jezu Chryste, Boski mój Przyjacielu, całą wdzięczność składam u Twych stóp, gdy przychodzisz do mnie i karmisz moją duszę najświętszym Chlebem życia. Ty na krzyżu ofiarowałeś swoje ciało i krew dla mojego szczęścia wiecznego. Otwieram przed Tobą moje stęsknione serce i wołam: Przyjdź, Panie Jezu! Przybądź, Zbawicielu ukryty w Eucharystii! Kocham Ciebie i pragnę Twojej Boskiej Obecności.

Ofiaruję Ci całe moje życie, aby ubogacone łaskami Ducha Świętego z każdym dniem stawało się coraz piękniejszym darem dla Ciebie. Niech ogień Bożej Miłości nieustannie pali się w mojej duszy, abym codziennie umiała rozmawiać z Tobą i - podobnie jak Ty - wypełniała do końca wolę Ojca, który patrzy na mnie z Nieba.

Jezu, ufam Tobie! Otaczaj mnie swym miłosierdziem i poślij na drogi mego życia Twoich przyjaciół, którzy zawsze pomagać mi będą w ciężkich chwilach. Niech Twoja Najświętsza Matka, Maryja, nauczy mnie miłości wiernej i mądrej.
Amen.

LITANIA DO JEZUSA

Kyrie eleison,
Chryste eleison.
Jezu, głoduję bez Ciebie,
zmiłuj się nade mną;
Jezu, kuleję bez Ciebie,
zmiłuj się nade mną;
Jezu, błądzę bez Ciebie,
zmiłuj się nade mną;
Jezu, upadam bez Ciebie,
zmiłuj się nade mną;
Jezu, choruję bez Ciebie,
zmiłuj się nade mną;
Jezu, powstaję dla Ciebie,
zmiłuj się nade mną;
Jezu, oddaję się Tobie,
zmiłuj się nade mną;
Jezu, ufam Tobie,
zmiłuj się nade mną;
Jezu, stoję przy Tobie,
zmiłuj się nade mną;
Jezu, patrzę na Ciebie,
zmiłuj się nade mną;
Jezu, słucham Ciebie,
zmiłuj się nade mną;
Jezu, tęsknię do Ciebie,
zmiłuj się nade mną;
Jezu, pragnę Ciebie,
zmiłuj się nade mną;
Jezu, miłuję Ciebie,
zmiłuj się nade mną;
Jezu, kocham Ciebie,
zmiłuj się nade mną;

Jezu, uwielbiam Ciebie,
zmiłuj się nade mną;
Jezu, idę za Tobą,
zmiłuj się nade mną;
Jezu, zanurzam się w Tobie,
zmiłuj się nade mną;
Jezu, odchodzę z Tobą,
zmiłuj się nade mną.
Kyrie eleison.

MODLITWA PARAFIALNA DO MATKI BOŻEJ CZĘSTOCHOWSKIEJ PODCZAS ODPUSTU 26 SIERPNIA 2007.

Królowo Korony Polskiej,
Najświętsza Matko Polskiego Narodu! Patronko naszej Parafii
Nie mamy sił, aby pielgrzymować do Twego Jasnogórskiego tronu, dlatego przychodzimy przed Twe cudami opromienione oblicze we wrocławskim sanktuarium na Zalesiu i składamy u stóp Jezusa, Twojego Syna, nasze serca gorące, spragnione miłości i pokoju, ale również w tych czasach ponad miarę przepełnione smutkiem, rozterkami i zgorszeniami.
Nienawiść i odwet rządzące na szczytach elit, rozlewane przez media na cały kraj, budzą w nas najwyższy niepokój i troskę o los młodego pokolenia. Jesteśmy bezradni wobec dławienia Prawdy i niszczenia autorytetu Bożego. Przychodzimy i prosimy pokornie o pomoc.
Miłujemy Cię, Matko Najświętsza, bo Twój Syn pierwszy Cię ukochał najgoręcej i najwdzięczniej. Oddajemy Ci hołd królewski, bo przez wieki nie opuściłaś nas w żadnej narodowej potrzebie.
I dziś spójrz łaskawym okiem na naszą Ojczyznę. Bądź Orędowniczką naszą przed tronem Miłosierdzia Bożego. Jak kiedyś uratowałeś Naród przed zbrojną ekspansją bolszewizmu, tak teraz bądź naszą obroną i mocą w walce z wrogiem atakującym Polaków od wnętrza, niszczącym wrażliwość sumienia - głosu Bożego w duszy ludzkiej.
Nie opuszczaj nas, zwycięska Królowo!
Amen

MODLITWA SZPITALNA

Panie mój, Stworzycielu,
dziś wróciłem ze szpitala onkologicznego,
chodziłem po salach i korytarzach
i zaglądałem w gasnące źrenice;
żadnej dłoni uniesionej na powitanie,
żadnej iskry nadziei w wygłodzonych twarzach;
przy każdym łóżku czuwał anioł śmierci.
Pod czaszką łomotała mi myśl: *prochem jesteś*
i w proch się obracasz...
Ogromną czarną dziurę uczułem w mózgu!
Uciekłem stamtąd spłoszony i przerażony.
I proszę cię: przebacz mi to tchórzostwo.
I błagam Cię teraz późną nocą:
O, Wszechmogący! O, Wiekuisty Stwórco!
Przywróć nadzieję, odrobinę blasku
tym kościom obleczonym w pergamin.
Niech zajrzy w ich puste studnie oczu
Święty Duch Zmartwychwstania.
Amen.

MODLITWA CIEMNĄ NOCĄ

Ciemną nocą mówię do Ciebie, rozmawiam z Tobą. Wszystko, co we mnie myśli, dobija się do Ciebie, a jednocześnie wszystko, co odbiera bodźce fizyczne i czuje ból, zastyga w biegu, szuka przeciwnego kierunku. Dlaczego tak się dzieje?...
Wiem, jesteś we wszystkim do mnie podobny z wyłączeniem grzechu. Gdybym był bezgrzeszny, cały należałbym do Ciebie. Wyznaję Ci, ten rozziew we mnie jest trudny i bolesny, tym więcej, że wszystko dzieje się w... miłości.

Wiem, że miłość bierze początek z Twego odwiecznego, niewidzialnego źródła, ale dokąd prowadzi? Do pragnienia widzialnego i dotykalnego. Powiesz mi, że nie odkrywam niczego nowego, że znasz to doskonale z boleści innych kochających Cię ludzi... Ja też ich znam. Byli bohaterami, zwyciężyli siebie dla Ciebie. Wygrali walkę z Tobą, jak patriarcha Jakub, bo się Tobie poddali. Kochali Cię duszą i ciałem, i powołałeś ich na szczyty mistycznych przeżyć. Przebijałeś ognistym grotem ich serca. Wlewałeś woń Twej miłości w ich dusze i w ciało. Cierpieli otulani Twoją miłością. Dreszcz przenikał mnie w młodości, gdy rozczytywałem się w ich życiorysach. A jednocześnie byłem przerażony przepaścią Twoich wymagań z krzyża.

Powierzałem się Tobie niejednokrotnie, lecz nigdy nie doznałem zachwycenia duszy, nie zostałem porwany na szczyty olśnienia Tobą. Stąpałem po ziemi grzesznej.
Od początku, gdy przyjąłem kapłaństwo, Ty zechciałeś stać się sensem mojej miłości i celibatu. Gdy rówieśnicy z ławy szkolnej wchodzili na ścieżkę poszukiwań swej drugiej połowy, ja rozkuwałem swój czerep umysłu dla teologii i rozkoszowałem się

świętą liturgią posoborową, fruwałem na ambonie i wyczerpywałem się w konfesjonale czy na katechezie. Z iluż to ludźmi tworzyliśmy kręgi zwiedzania piękna, doświadczania dobra i kosztowania prawdy! Ilu z nich klękało z prośbą o Twoje miłosierdzie…

Wszystko to wypełniało mi czas bez reszty, ale czas to nie wszystko… Na starość, gdy oni dożywają swej jesieni w stadle rodzinnym, ja coraz częściej odnajduję w cieniu odmawianych psalmów skargę - czy podobną do Twojej na krzyżu? Mój starczy czas generuje skargę na samotność. To wielki skandal, bo przecież setki ludzi modlą się o moje zdrowie!

Panie mój ukochany, nie doświadczyłeś tego. Młodo przeszedłeś przez ziemię. Żyłeś jednocześnie w czasie i w wieczności. Ja nie mam zielonego pojęcia o wieczności. Jedynie nieraz odnajduję w sobie jakąś zamgloną, znaną i jednocześnie nieznaną, tęsknotę za wiecznością. Zdarzają się takie niesamowite chwile, o których wiem, że pojawiły się spoza czasu. To pojedyncze krople wieczności, które wsiąkają w człowieka i w nim tężeją. Tkwią, nie można o nich zapomnieć. Pamiętam jedną i wiem, że to ona spustoszyła moje serce. To było w młodym kapłaństwie, rozpoczynałem uniwersyteckie studia. Pokazałeś mi cierpienie, a ja strwożony wołałem do Ciebie: nie dawaj mi boleści, bo przecież wiesz, że nie umiem cierpieć, nie wytrzymam. Usłuchałeś mnie!

Złożony ciężką chorobą już wiem, to moja małoduszność, na którą się zgodziłeś, legła ołowiem na dnie mej miłości. Podcięła skrzydła. Idę do Ciebie w cierpieniu i jestem zalękniony. Panie, nie ożywisz mej jesieni?... Chciałbym powołać się na starca Abrahama, który targował się z Tobą o Sodomę, ale jego gigantyczna wiara onieśmiela mnie. Żyję dziś w jakimś wysokim lesie. Ty z góry przez korony drzew patrzysz na mnie, a ja jęczę na runie niziutko. Nikt dokoła nie słyszy mego płaczu, nikt nie widzi mego lęku. Lekarz przyjaciel na dobranoc powiedział: podziwiam księdza.

Ukochany Jezu, pokonaj mój lęk u bram śmierci. Cichutko przyzywam Twoją miłość, niech ona napełni moje puste serce. Wierzę mocno, że staniesz przy mnie i podasz mi rękę. Tylko Ty, Panie, tylko Ty!

EPILOG

Maryjo,
Najświętsza Dziewico z Nazaretu,
mam u uszach pierwsze wołanie
Jana Pawła II do ludzi:
"Nie lękajcie się!".
Ty dobrze znasz te słowa.
Pierwsza usłyszałaś je przed wiekami
od posłańca z Nieba:
"Nie lękaj się, Maryjo".
Anioł prosił Cię
o odwagę przyjęcia Syna Bożego
w swoje łono dziewicze.

Papież prosił świat
o wyzbycie się lęku wobec Zbawiciela
przychodzącego przez Ciebie
z darem prawdziwej wolności.
Prosił o otwarcie drzwi Chrystusowi,
aby w Nim człowiek odnalazł
swą osobistą wartość
i sens dziejów świata.

Maryjo,
Oblubienico najpiękniejsza Ducha Świętego,
uproś mi, człowiekowi współczesnemu,
otwartość serca
i dar odczytywania
Bożych projektów w drodze.

Printed by Books on Demand GmbH, Norderstedt / Germany